EMPRUNT 5 % 1918

DU GOUVERNEMENT IMPÉRIAL DU MAROC

CONTRAT

EMPRUNT 5 °/₀ 1918

DU GOUVERNEMENT IMPÉRIAL DU MAROC

CONTRAT

Entre :

M. PIETRI, Directeur général des Finances du Maroc, agissant tant au nom de S. M. le Sultan du Maroc que comme représentant le Protectorat français au Maroc, par délégation du Général Lyautey, Commissaire Résident général,

d'une part,

Et la BANQUE D'ETAT DU MAROC, Société au capital de Fr. 15.400.000, représentée par M. S. Dervillé, Président du Conseil d'administration, et M. J. Peytel, Administrateur, agissant suivant autorisation du Conseil d'administration en date du 14 Mars 1914, confirmée par une délibération du Comité actuellement en fonctions, en date du 8 Février 1918,

d'autre part :

Il a été convenu et arrêté ce qui suit :

Article premier.

Le Gouvernement du Protectorat du Maroc, sous réserve de l'approbation des présentes par un décret pris en exécution des lois du 16 Mars 1914 et 25 Mars 1916, ainsi que par MM. les Ministres des Finances et des Affaires Etrangères, décide de réaliser une somme de Fr. 171.750.000 complétant avec les Fr. 70.250.000 réalisés en 1914, celle de Fr. 242.000.000 dont les lois susdites ont autorisé l'emprunt, avec garantie du Gouvernement français.

Il crée à cet effet 408.928 obligations de Fr. 500 rapportant cinq pour cent d'intérêt annuel, payable semestriellement les 1er Mars et

1er Septembre de chaque année contre remise de coupons de Fr. 12,50 chacun, le premier paiement semestriel devant avoir lieu le 1er Septembre 1918. La cote de ces obligations sera demandée à la Bourse de Paris, sous une rubrique spéciale, placée immédiatement à la suite de celle des obligations de l'Emprunt 4 % 1914; les nouvelles obligations seront amortissables par tirages au sort, conformément au tableau ci-annexé qui sera imprimé au dos des titres; le paiement des intérêts et des obligations sorties aux tirages, tel qu'il est inscrit à l'article 11 ci-dessous, est garanti par le Gouvernement français.

Le Gouvernement du Protectorat du Maroc se réserve le droit de hâter le remboursement et même d'y procéder en totalité à dater du 1er Septembre 1935, pour les titres non encore amortis, en prévenant les porteurs de titres trois mois à l'avance par insertions dans un journal de Tanger, le *Bulletin Officiel* du Protectorat français à Rabat et le *Journal Officiel* du Gouvernement français à Paris.

Art. 2.

Les coupons semestriels seront aux échéances des 1er Septembre et 1er Mars de chaque année, le premier étant payable le 1er Septembre 1918.

Les tirages au sort seront effectués à Paris ou à Tanger par les soins de la Banque d'Etat du Maroc les 15 Janvier et 15 Juillet de chaque année, le premier tirage étant effectué le 15 Juillet 1918, et le dernier le 15 Juillet 1989.

Il pourra être créé, sous la signature collective de la Banque d'Etat du Maroc et d'une autre Banque à désigner par le groupe preneur, des titres provisoires, munis des deux premiers coupons d'intérêts, qui seront échangés contre des titres définitifs, sans conformité de numéros avec les titres provisoires. L'échange sera effectué dans le premier trimestre de 1919.

Par suite, pour les deux premiers tirages, s'il n'a pas encore été procédé à l'échange des titres provisoires contre les titres définitifs, les titres à amortir porteront sur les derniers numéros des titres du présent Emprunt; ils ne seront pas placés, et leurs numéros ne seront pas introduits dans la roue.

Les titres sortis aux tirages seront remboursables et cesseront de porter intérêts à la première échéance de coupons postérieure au tirage.

ART. 3.

Les listes des numéros sortis aux tirages seront publiées par les soins de la Banque d'Etat du Maroc, dans un journal de Tanger, le *Bulletin Officiel* du Protectorat français à Rabat, et le *Journal Officiel* de la République française à Paris.

ART. 4.

Toute obligation dont le numéro est sorti, et qui sera présentée au remboursement, devra être munie de tous les coupons non échus à la date fixée pour le remboursement. Dans le cas où il en manquerait un ou plusieurs, leur montant serait déduit du capital à payer.

ART. 5.

La Banque d'Etat du Maroc, agissant tant en son nom que pour le compte de Banques dont elle se porte fort, s'engage à garantir le placement de 150.000 obligations sur les 408.928 faisant l'objet du présent contrat, et le Gouvernement du Protectorat français s'engage à mettre à la disposition de ladite Banque 150.000 obligations, munies du timbre français, au prix de Fr. 430 l'une, jouissance du 1er Mars 1918.

Le montant, au prix de Fr. 430, desdites 150.000 obligations, sous déduction du montant du timbre français sera mis à la disposition du Protectorat, le 25 Mars prochain, sous la condition que les approbations ministérielles auront été données le 1er Mars prochain au plus tard.

Le Gouvernement du Protectorat français accorde à la Banque d'Etat du Maroc, agissant ainsi qu'il est dit plus haut, tant en son nom que pour le compte de Banques dont elle se porte fort, l'option de garantir le placement des 258.928 obligations formant le surplus de l'Emprunt, et ce au même prix de Fr. 430 (timbre à déduire). Ce droit d'option est donné pour six mois à compter du 1er Mars prochain.

Pour celles de ces obligations qui formeraient l'objet de levées d'option après le 25 Mars, elles seront décomptées par la Banque d'Etat du Maroc au prix de Fr. 430 (timbre à déduire), ce prix étant accru des intérêts au taux du revenu des titres à partir du 25 Mars jusqu'à la mise à la disposition des fonds. Le droit d'option ne pourra être exercé que par fractions de 20.000 titres minimum.

Le Protectorat déclare qu'il se réserve le droit de conserver, au prix de Fr. 432 l'une, 3.000 obligations, soit pour recompléter à 6.000 obligations le stock affecté en 1914 à la Réserve de l'Assainissement de la Monnaie, soit pour la Caisse de Prévoyance des Employés de l'Etat.

L'écart entre 430 et 432 représente la participation de ces 3.000 obligations aux frais de confection des titres et de publicité.

Art. 6.

Les Banques visées à l'article précédent se chargeront en France, et la Banque d'Etat du Maroc se chargera au Maroc du placement desdites obligations, au prix et dans les conditions déterminées par la notice de placement qui sera soumise préalablement aux Ministres des Finances et des Affaires Etrangères de France. Le prix de placement ne pourra être supérieur à Fr. 445, plus éventuellement les intérêts courus, dans les conditions indiquées à l'article 5. La Banque d'Etat du Maroc s'oblige à consacrer une somme minimum de Fr. 100.000 aux frais de publicité du placement.

Art. 7.

Le coût du timbre français des obligations couvrant les obligations jusqu'à leur remboursement est à la charge du Protectorat; le montant en sera versé à l'Administration du Timbre à Paris, et déduit des sommes à verser au Protectorat.

Le Gouvernement du Protectorat fera connaître, dans le plus bref délai possible, le montant approximatif de la partie du produit à provenir du prix des obligations qu'il laissera en dépôt à la Banque d'Etat du Maroc, et qu'il se propose de consacrer successivement au paiement prochain de créances ou travaux. Ce dépôt portera intérêts à 2 % au profit du Protectorat 48 heures après la réception à Paris (au siège administratif de la Banque d'Etat) de cet avis. Le surplus des sommes reçues des Banques (déduction faite des frais du timbre français) pourra être, jusqu'à son emploi aux dépenses du Protectorat, utilisé à Paris en Bons de la Défense Nationale, selon conventions arrêtées entre le Protectorat et le Ministère des Finances de France. Le produit de ces Bons sera successivement versé à la Banque d'Etat du Maroc, au crédit du compte général du Protectorat, et produira intérêts à 2 %, dix jours après le versement.

Art. 8.

La déclaration au timbre français sera souscrite par les soins de la Banque d'Etat du Maroc.

Le Gouvernement du Protectorat s'engage à faire les démarches nécessaires pour l'admission du présent Emprunt à la Cote officielle de la Bourse de Paris, au comptant et à terme, comme il est dit à l'article 1er.

Art. 9.

Les frais de confection des titres provisoires et définitifs sont à la charge de la Banque d'Etat du Maroc. Les titres seront signés par le Directeur général des Finances du Maroc, représentant le Gouvernement marocain, par le Résident général à Rabat, et visés pour contrôle par des Délégués à Paris du Gouvernement du Protectorat.

Les planches ayant servi à la fabrication des titres définitifs et les souches de ces titres seront remises, dans le plus bref délai possible, au Trésor français, pour être tenues à la disposition du Protectorat.

La Banque d'Etat du Maroc devra fournir, lors de la création des titres, 25.000 formules d'obligations définitives, non numérotées, pour parer aux nécessités des renouvellements des titres perdus ou adirés. Elle conservera 3.000 de ces titres comme provision pour les opérations courantes de renouvellement ; le surplus sera déposé au Trésor à Paris, et servira à recompléter la provision de la Banque d'Etat du Maroc au fur et à mesure de son épuisement.

L'Emprunt étant réalisé en France, la Banque d'Etat du Maroc devra se conformer, en tout ce qui concerne le service de ces obligations, et notamment pour le paiement des coupons et titres détruits, perdus ou volés, et les renouvellements de titres, aux prescriptions de la Loi française; elle sera ainsi libérée de toute responsabilité, tant au regard des tiers que de l'Etat marocain. Cette condition est applicable à l'Emprunt de 1914.

Art. 10.

Les titres définitifs, à leur création, comprendront 71 coupons. Le renouvellement des feuilles de coupons, lorsqu'il y aura lieu, sera fait à Paris, aux frais du Protectorat français au Maroc.

Art. 11.

Les titres et coupons de l'Emprunt seront payés tant à Paris qu'au Maroc, à raison de Fr. 500 et de Fr. 12,50, sans aucune retenue, le Protectorat français au Maroc prenant à sa charge, dans le présent et dans l'avenir, tous impôts, taxes, droits ou redevances quelconques, de quelque nature que ce soit, dont ces titres seraient frappés ou atteints, tant en France qu'au Maroc.

Art. 12.

Les coupons qui n'auraient pas été présentés à l'encaissement dans un délai de 5 ans à partir de leur échéance seront prescrits en faveur du Gouvernement du Protectorat. De même, seront prescrites en sa faveur les obligations sorties aux tirages, qui n'auraient pas été présentées à l'encaissement dans un délai de trente ans de la date fixée pour leur remboursement.

Le compte des coupons et titres prescrits sera remis au Protectorat dans les six mois qui suivront les dates de prescription, et la Banque d'Etat du Maroc créditera le compte général du Protectorat du montant des coupons et obligations prescrits.

Art. 13.

Les Banques visées à l'article 5 seront chargées par la Banque d'Etat du Maroc du paiement à Paris des coupons échus et du remboursement des obligations sorties au tirage. Toutefois, le Gouvernement du Protectorat se réserve le droit, après accord préalable avec le Gouvernement français, de concentrer au Trésor public à Paris le service total des titres et coupons, dans les conditions inscrites à l'article 11.

Art. 14.

Le Gouvernement du Protectorat s'engage à faire tenir, 12 jours avant l'échéance, à Tanger ou à Casablanca, ou 7 jours avant l'échéance à Paris, à la Banque d'Etat du Maroc, et par elle, 5 jours avant l'échéance, aux Sociétés chargées du paiement à Paris des titres et coupons, le montant de chaque semestrialité de ce service, sauf le cas prévu de prise du service en France par le Trésor à Paris. Le délai de 12 jours mentionné au début du présent article sera accru du temps nécessité par la difficulté des communications, de telle façon que la Banque d'Etat du Maroc possède les fonds à Paris, 7 jours avant l'échéance.

ART. 15.

Sur instructions de la Banque d'Etat du Maroc, la Banque de Paris et des Pays-Bas expédiera à la fin de chaque semestre les coupons et obligations payés, accompagnés d'un état détaillé, qui servira de décharge pour les paiements effectués, en cas de perte ou de destruction de l'envoi. Cette prescription sera applicable à l'Emprunt de 1914. La Banque d'Etat du Maroc est chargée de la publication à Paris et au Maroc, des obligations sorties à chaque tirage, en y comprenant, autant que possible, les obligations sorties aux précédents tirages et non remboursées. Elle recevra, pour la couvrir des frais de ce service, en ce qui touche les 408.928 obligations, une commission de 15/32 % du montant semestriel à payer; elle rétrocédera à la Banque de Paris et des Pays-Bas, chargée de centraliser le service des coupons et titres payés, 10/32 % des sommes payées ainsi en France.

La Banque d'Etat du Maroc sera tenue, si le Gouvernement marocain le désire, de conserver les titres et coupons payés à la disposition du Protectorat, jusqu'à la période de péremption, et pourra alors procéder à leur destruction. Procès-verbal de destruction serait alors dressé en triple exemplaire, dont deux adressés à la Direction générale des services financiers au Maroc.

Si le service des titres était transporté au Trésor à Paris, la Banque ne recevrait plus que 1/8 % sur les coupons et obligations payés par elle au Maroc, et le remboursement des frais encourus pour les publications et le service de l'émargement et du contrôle des coupons et titres payés et les frais de renouvellement des titres détruits, perdus ou volés, si elle en restait chargée.

ART. 16.

Mention intégrale sera faite sur les titres définitifs des obligations : des deux premiers et du dernier paragraphe de l'article 2, de l'article 4, de l'article 11 et du premier paragraphe de l'article 12.

Art. 17.

La Banque d'Etat du Maroc et les Banques visées à l'article 5 auront le droit, au cas où, dans l'intervalle à courir jusqu'à la date du 25 Mars prochain, des circonstances graves, affectant la situation générale, ne leur permettraient pas de poursuivre le placement des 150.000 obligations qu'elles ont garanti, de limiter cette garantie aux titres effectivement placés à la date du 25 Mars ; dans ce cas, la Banque d'Etat du Maroc, pour compte du groupe placeur, en donnera avis au Directeur général des Finances du Maroc.

La Banque d'Etat du Maroc se réserve le droit de considérer comme sans effet la garantie de placement, pour les 150.000 obligations ci-dessus, dans le cas où les approbations ministérielles n'auraient pas été données le 1er Mars prochain au plus tard.

Art. 18.

La présente convention ne sera valable qu'après son approbation par les Ministres des Finances et des Affaires Etrangères de France.

Son enregistrement à Paris sera fait au droit fixe de Fr. 3.

Fait en quadruple exemplaire, à Paris, le vingt-et-un Février mil neuf cent dix-huit.

F. PIÉTRI, S. DERVILLÉ, J. PEYTEL.

Vu et approuvé :

Le Ministre des Affaires Étrangères,
S. PICHON.

Le Ministre des Finances,
L.-L. Klotz.

1920 -- Paris. -- Imp. Hemmerlé et Cie. 5-18

800

www.ingramcontent.com/pod-product-compliance
Lightning Source LLC
LaVergne TN
LVHW012019170826
845678LV00004BA/1560
9782329631110